BEI GRIN MACHT SICH IHR
WISSEN BEZAHLT

- Wir veröffentlichen Ihre Hausarbeit,
  Bachelor- und Masterarbeit

- Ihr eigenes eBook und Buch -
  weltweit in allen wichtigen Shops

- Verdienen Sie an jedem Verkauf

Jetzt bei www.GRIN.com hochladen
und kostenlos publizieren

Sebastian Worm

Genforschung in Deutschland - ein kurzer Überblick

GRIN Verlag

Bibliografische Information der Deutschen Nationalbibliothek:

Die Deutsche Bibliothek verzeichnet diese Publikation in der Deutschen National-
bibliografie; detaillierte bibliografische Daten sind im Internet über http://dnb.d-
nb.de/ abrufbar.

Impressum:

Copyright © 2006 GRIN Verlag GmbH
Druck und Bindung: Books on Demand GmbH, Norderstedt Germany
ISBN: 978-3-638-92526-6

Dieses Buch bei GRIN:

http://www.grin.com/de/e-book/61604/genforschung-in-deutschland-ein-kurzer-
ueberblick

GRIN - Your knowledge has value

Fachhochschule Braunschweig/ Wolfenbüttel

Standort Wolfsburg

Fachbereich Gesundheitswesen

Genforschung

Ausarbeitung zum Referat am 17.05.2006

Worm, Sebastian

Milower Land den 12.05.2006

Inhaltsverzeichnis

1 Einleitung

Seit der Augustiner Mönch Gregor Johann Mendel im Jahre 1865 seine Gesetze zur Vererbungslehre vorstellte, die so genannten „Mendelschen Gesetze", und somit aufzeigte, nach welchem Muster Eltern Merkmalsausprägungen an Ihre Nachkommen weitergeben, ist die Menschheit daran interessiert das Geheimnis der Genetik zu lüften.[1] Im Februar 2001 gelang es, die Gesamtheit aller menschlichen Gene (das Genom) zu entschlüsseln. Man fand heraus, dass der Mensch zwischen 25000 und 30000 verschiedene Gene besitzt. Die Wissenschaft ist jedoch noch weit davon entfernt, diesen entschlüsselten Gencode zu lesen bzw. zu interpretieren. Man geht allerdings davon aus, dass eine sehr gute Grundlage für die gentechnologische Forschung geschaffen sei, um neue Methoden der Krankheitsbekämpfung zu entwickeln. Dieses enorme Wissen über die Erbinformationen, vor allem aber dessen praktische Anwendung, stellt jedoch auch neue Anforderungen an die Ethik.[2]

Die Genetik ist ein Teilgebiet der Biologie und beschäftigt sich mit der Funktion, dem Aufbau und der Vererbung von Erbanlagen (Genen). Man unterscheidet in Klassische Genetik, die sich vor allem mit Kombinationen von Genen und dessen Auswirkungen auf die Nachkommen beschäftigt, und in Molekulargenetik. Die Molekulargenetik versucht genetische Informationen über die Desoxyribonukleinsäure (DNA) zu gewinnen und untersucht, wie sich gewonnene Erkenntnisse bezogen auf gentechnologische Verfahren nutzen lassen.[3]

Diese Arbeit soll zunächst unter dem Gliederungspunkt zwei einen kurzen Überblick über die gesetzlichen Bestimmungen in Deutschland geben. Des Weiteren soll, im dritten Gliederungspunkt, die

---

[1] Vgl. o.V., Die Mendelschen Gesetze, o.J., (Internet).
[2] Vgl. o.V., Genetik- der Schlüssel zum Meilenstein?, 2001, (Internet).
[3] Vgl. o.V., Genetik, o.J., (Internet).

3

Biotechnologie, dessen ökonomischen Aspekte aber auch ihr Beitrag innerhalb des medizinischen Bereiches vorgestellt werden. Der Gliederungspunkt vier wird einen umstrittenen Bereich der Genforschung, die Stammzellenforschung, vorstellen. Der fünfte Gliederungspunkt wird sich unter anderem in diesem Zusammenhang mit der ethischen Problemstellung, bezogen auf die Genforschung, auseinandersetzen. Den Abschluss dieser Arbeit bildet ein Fazit.

2 Gesetzliche Bestimmungen der Genforschung in Deutschland

Die Genforschung in Deutschland ist innerhalb des deutschen Gentechnikgesetzes (GenTG) geregelt. Dieses beinhaltet insbesondere Regelungen für bestimmte Sicherheitsmaßnahmen der Genetik und wird durch eine EU- Richtlinie bestimmt. Hierbei ist hauptsächlich die genetische Veränderung von Mikroorganismen in geschlossenen Systemen betroffen. Das heißt, das Gentechnikgesetz bezieht sich auf Labor- und Produktionsbereiche. Bezogen auf eine Vereinbarung aus dem Jahr 1975, auf der die grundlegenden Sicherheitsstandards basieren, wird jede Forschung aus dem genetischen Bereich nach dem individuellen Gefährdungspotential eingestuft, wobei dann speziell nach der Einstufung bestimmte Sicherheitsmaßnahmen eingehalten werden müssen.[4]

Die ersten Genrichtlinien, die für staatliche Forschungseinrichtungen galten, wurden im Jahr 1978 erstellt. Aus diesen Genrichtlinien entstand das heutige Gentechnikgesetz.[5]

Im Rahmen des genetischen Arbeitens und Forschens zählen zu den wichtigsten Verordnungen des Gentechnikgesetzes die Verordnung über die Sicherheitsstufen und –maßnahmen, die Verordnung über Antrags- und Anmeldeunterlagen sowie die Verordnung über die zentrale Kommission für die biologische Sicherheit.[6]

---

[4] Vgl. o.V., Genetik- der Schlüssel zum Meilenstein?, 2001, (Internet).
[5] Vgl. Binder, N. in Klingmüller, W., Genforschung im Widerstreit, 1986, S.125.
[6] Vgl. o.V., Genetik- der Schlüssel zum Meilenstein?, 2001, (Internet).

3 Gentechnik im medizinischen Bereich- Biotechnologie

3.1 Abgrenzung der Biotechnologie

Unter dem Begriff der Biotechnologie sind bestimmte technische Verfahren, bei denen Zellen, Zellbestandteile oder Organismen eingesetzt werden, zu verstehen. Ziel der Biotechnologie ist die Herstellung von Pharma-, Lebensmittel- oder Kosmetikprodukten, aber auch der Abbau von Schadstoffen innerhalb des Bereiches der Umweltbiotechnologie.[7]

Des Weiteren lässt sich die Biotechnologie in die so genannte „Rote", „Blaue", „Grüne", „Graue" und „Weiße" unterteilen. Die „Rote" Biotechnologie ist die medizinisch-pharmazeutische Biotechnologie, die sich mit der Herstellung von Medikamenten und Diagnostika beschäftigt. Die „Blaue" Biotechnologie hingegen befasst sich mit Themen, die den Nahrungsmittelbereich betreffen, wobei sie sich insbesondere auf Nahrungsmittelzusätze, die aus dem Meer gewonnen werden können, konzentriert. Von der „Grünen" Biotechnologie spricht man im Zusammenhang von Maßnahmen der genetischen Veränderung von Pflanzen in der Landwirtschaft wohingegen die „Weiße" Biotechnologie in der Chemieindustrie angesiedelt ist. Die „Graue" Biotechnologie findet man unter anderem im Bereich der Abfallwirtschaft und in dieser wird sich mit Fragen wie der Dekontamination von Böden auseinandergesetzt. Die im allgemeinen Sinne moderne Biotechnologie nutzt Methoden aus der Gentechnik und der Molekularbiologie und arbeitet vor allem auf der Grundlage der Genforschung, da die grundlegenden biologischen Vorgänge durch einzelne Gene gesteuert werden.[8]

---

[7] Vgl. o.V., Biotechnologie, o.J., (Internet).
[8] Vgl. o.V., Biotechnologie - Innovationsmotor in der Phytomedizin, o.J., (Internet).

3.2 Ökonomische Aspekte der Biotechnologie im medizinisch pharmazeutischen Bereich

Allein in Deutschland beträgt die Anzahl der so genannten Kern-Biotech- Unternehmen 538 mit ca. 12000 Beschäftigten. Von diesen 538 Unternehmen sind 17 börsennotiert. Der erwirtschaftete Jahresumsatz der deutschen Biotech- Unternehmen betrug 2005 rund 824 Millionen Euro. Interessant hierbei ist jedoch, dass die Investitionen für Forschung und Entwicklung jährlich noch deutlich über diesem Umsatz liegen.[9]

Betrachtet man die Größenstruktur der Biotechnologieunternehmen, so stellt man fest, dass 88 Prozent dieser Unternehmen weniger als 50 Beschäftigte besitzen. Hierbei hat der Großteil der Unternehmen zwischen 10 und 49 Mitarbeiter.[10]

Das Tätigkeitsfeld deutscher Biotechnologie- Firmen bezieht sich zu 80 Prozent auf den Bereich Gesundheit und Medizin, wobei der strategische Schwerpunkt der Unternehmen vor allem in der Forschung liegt.[11]

Es lässt sich also festhalten, dass innerhalb der Biotechnologie und deren Forschungen, insbesondere im Bereich der Genetik, ein sehr hoher Aufwand betrieben wird, der darauf abzielt, neue Wirkstoffe zu erforschen beziehungsweise neue Verfahren zu entwickeln diese Wirkstoffe gezielt einzusetzen.

---

[9] Vgl. o.V., Zahlen auf einen Blick: Biotechnologie in Deutschland, 2006, (Internet).
[10] Vgl. o.V., Biotechnologie Firmenumfrage 2006, 2006, (Internet).
[11] Vgl. Ebd.

3.3 Genforschung - Innovation im Bereich der Pharmaindustrie

Innerhalb der Pharmaindustrie wir derzeit intensiv daran gearbeitet, Arzneimittel, die den individuellen Bedürfnissen der Patienten genügen, zu entwickeln. Hierbei soll die Wissenschaft Hilfe in Form der Genforschung leisten.[12]

Die schwankende Effektivität von einzelnen Wirkstoffen hängt bei der Behandlung des Patienten von dessen individuell unterschiedlichen Sequenzen in seinen Erbanlagen ab. Diese winzigen Abweichungen innerhalb der DNA werden „Snips" (Single nucleotide polymorphism) genannt. Sie sind dafür verantwortlich, ob und in welchem Ausmaß ein Medikament wirkt, aber auch inwieweit überhaupt eine Verträglichkeit gegenüber diesem Wirkstoff vorliegt. Mittels der Genforschung will die Pharmaindustrie jene Gene identifizieren, die die Wirkungsweise verschiedener Medikamente beeinflusst. Dieser neue Forschungszweig wird als Pharmacogenomik bezeichnet. Von den Erfolgen dieses neuen Forschungszweiges würden sowohl die Patienten als auch die Pharmaindustrie profitieren. Dieser entstehen jährlich Kosten in Milliardenhöhe durch Medikamente, die sehr hohe Forschungsgelder beanspruchen und dann nicht auf dem Markt zugelassen werden. Durch die Pharmacogenomik wären enorme Einsparungen möglich. Um eine solche Kostenreduktion zu ermöglichen, liefert die Biotechnologie Verfahren, mit deren Hilfe arzneimittelrelevante Gene aufgespürt werden. Hierbei können Millionen von Genfragmenten identifiziert werden. Man geht davon aus, dass beim Menschen ca. drei Millionen Genabschnitte die Wirkungsweise von Medikamenten beeinflussen. Bereits jetzt sind schon mehr als die Hälfte von diesen „Snips" bekannt.[13]

Durch diese spezielle Genforschung in der Pharma- Branche finden Medikamente schneller ihren Weg auf den Markt und stehen somit auch schneller dem Patienten zur Verfügung. Weiterhin sind sie weniger

---

[12] Vgl., Von der Weiden, S., Die persönliche Pille, 2001, (Internet).
[13] Vgl. Ebd.

belastend und zusätzlich in ihrer Wirkung effektiver. Des Weiteren wird mittels der Pharmacogenomik der Nachweis über die Wirkung des Medikamentes extrem erleichtert, was wiederum unmittelbar zur Folge hätte, dass der Preis für Medikamente deutlich sinkt.[14] Dies ist ein nicht außer Acht zu lassender Fakt, betrachtet man die Arzneimittelausgeben. Diese betrugen im Jahr 2001 laut dem Statistischen Bundesamt 35 Milliarden Euro und im Jahr 2003 bereits 37,6 Milliarden Euro[15].

Das zeigt, in diesem Bereich liegen gewaltige Einsparungspotentiale vor, die durch die Genforschung der Biotech- Unternehmen erreicht werden könnten.

Für eine Bewertung der Pharmacogenomik sei es jedoch noch zu früh, da bis zum jetzigen Zeitpunkt zu wenig genspezifische Medikamente auf dem Markt sind. Doch bereits in diesem Jahr will der Schweizer Pharmakonzern „Novartis" ein Medikament auf den Markt bringen das maßgeschneidert auf das Krankheitsbild Blutkrebs bei Kindern Wirkung finden soll.[16]

Es zeigt sich also, dass durch diese neue Methode zum einen die Behandlungsqualität des Patienten gesteigert wird, da er weniger Nebenwirkungen zu befürchten hat, zum anderen höhere Heilungschancen bei zahlreichen Krankheiten erzielt werden und zusätzlich auch noch Kosten durch die Verkürzung der Forschungszeit bei Medikamenten stark reduziert werden können.

---

[14] Vgl. Kroll, W., in Von der Weiden, S., Die persönliche Pille, 2001, (Internet).
[15] Vgl. Statistisches Bundesamt, Gesundheitsausgaben nach Leistungsarten, 2005, (Internet).
[16] Vgl., Von der Weiden, S., Die persönliche Pille, 2001, (Internet).

4 Stammzellenforschung

Nachdem in Abschnitt 3 dieser Arbeit enorme Vorteile, die aus der wissenschaftlichen Genforschung resultieren, aufgezeigt wurden, soll nun auch ein anderer Aspekt dieser Forschung beleuchtet werden, der auf der einen Seite ebenfalls durch seine wissenschaftlichen Methoden Menschen im medizinischen Sinne helfen kann, aber im gleichen Zug ethische Probleme hervorruft. Gemeint ist hierbei die Stammzellenforschung.

Eine Stammzelle ist eine Art Reserve, die sich der menschliche Körper zu „Reparaturzwecken" bereithält. Sie ist noch undifferenziert und kann sich somit zu jeder spezifischen Zelle des Körpers entwickeln. Diese Fähigkeit, die die Stammzellen aufweisen, wird als Pluripotenz bezeichnet. Der Einsatz von Stammzellen soll bei Krankheiten erfolgen, die zum jetzigen Zeitpunkt noch als unheilbar gelten. So könnten sie sich auf Grund ihrer Eigenschaft in fast jeden Zelltyp entwickeln und beispielsweise bei Hirnschäden nach einem Schlaganfall angewandt werden. Um diesen Einsatz zu gewährleisten ist jedoch intensive Forschung an den Stammzellen nötig. Die Problematik hierbei stellt sich dadurch heraus, dass zu Forschungszwecken nur embryonale Stammzellen geeignet sind, da diese im Gegensatz zu Stammzellen von Erwachsenen die oben beschriebene Pluripotenz besitzen.[17]

Zum derzeitigen Zeitpunkt gibt es drei Methoden, Stammzellen aus Embryonen zu gewinnen. Zum einen existiert die Möglichkeit, Stammzellen von überzähligen Embryonen zu entnehmen, die bei einer künstlichen Befruchtung entstehen. Aus diesen Embryonen können nun die Stammzellen gewonnen werden und in einer speziellen Lösung zu jeglicher Zellart „gezüchtet" werden (siehe Abbildung 2).

---

[17] Vgl. o.V., Stammzellenforschung, o.J. (Internet).

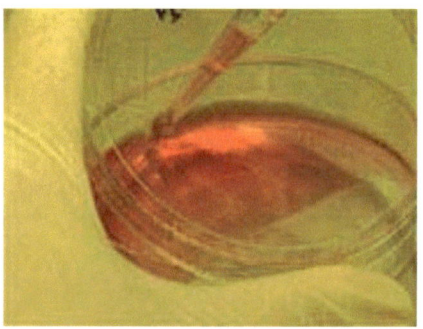

Abbildung 2: Kultivierung in Nährlösung
Quelle: www.embl-heidelberg.de in . o.V., Stammzellenforschung, o.J. (Internet).

Eine weitere Möglichkeit der Gewinnung von Stammzellen stellt die Entnahme dieser Zellen aus abgetriebenen Föten dar. Hierbei wird der abgetriebene Fötus im Labor zu einer embryonalen Keimzelle weiterentwickelt, woraus sich dann die ebenfalls pluripotenten Stammzellen entnehmen lassen. Die dritte Methodik zur Gewinnung von Stammzellen ist der so genannte Zellkerntransfer, oder auch Therapeutisches Klonen genannte Vorgang. Hierbei soll eine Art Ersatzgewebe aus dem körpereigenen Material des Patienten, wie zum Beispiel Nervenzellen, „produziert" werden. Bei diesem Vorgang wird aus einer Eizelle die Erbinformation der „Zellspenderin" vollständig entfernt. Anschließend wird der genetische Code des Patienten in diese Zelle eingesetzt, die ,nun reprogrammiert, sich zu einem Embryo entwickelt, dem wiederum Stammzellen entnommen werden können. Der Vorteil in dieser Methode liegt darin, dass das neue Gewebe mit den Erbinformationen des Patienten identisch ist und somit nicht vom Körper abgestoßen wird.[18]

---

[18] Vgl. Ebd.

5 Ethischer Konflikt innerhalb der Genforschung

Betrachtet man die Genforschung als gesamten Komplex, so erscheint sie zunächst als wissenschaftliche Herausforderung sehr bemerkenswert und aufregend. Die Entschlüsselung des Bauplans allen Lebens und dessen Interpretation stellt bei dem nach immer mehr Wissen strebenden Menschen eine unbedingt zu lösende Aufgabe dar. Hinzu kommt, dass dieses gewonnene Wissen innerhalb von verschiedenen Disziplinen von großem Nutzen sein kann. Das heißt, Krankheiten, die zum jetzigen Zeitpunkt als unheilbar gelten, könnten geheilt werden und sehr unangenehme Behandlungen könnten durch leicht verträgliche ersetzt werden. Des Weiteren könnte die überdimensionale Nachfrage nach Organtransplantaten gesättigt werden. Zu guter letzt besitzt die Genforschung, ähnlich wie andere Innovationen, ein bedeutendes ökonomisches Potential.

Doch die Genetik liefert nicht nur Vorteile, sondern wirft zahlreiche ethische Probleme auf.

Ein generelles ethisches Problem stellt das Verfügen des Menschen über das Leben anderer Menschen dar, was sich in der geschichtlichen Entwicklung oft als katastrophal herausgestellt hat.[19]

Im Hinblick auf die Genetik ist die zentrale Frage, die sich hierbei stellt, wie weit der Mensch in der praktischen Forschung gehen darf. Ist es beispielsweise legitim, lebenden Embryonen, die sich ohne Fremdeinwirkung zu eigenständigen Individuen entwickeln würden, Stammzellen zu entnehmen und somit ein entstehendes Leben zu verhindern, wenn man durch diese Maßnahmen anderen Menschen das Leben verlängern oder gar retten kann.

Innerhalb dieser Überlegungen spielt die Frage, ob oder ab wann man bei Embryonen von einem eigenständigen Individuum spricht, eine große Rolle. Bereits ab der ersten Zellteilung bei der Entstehung eines Embryos liegt ein eigenständiger Steuermechanismus dieses nun neu entstandenen Zellgebildes vor.[20]

---

[19] Vgl. Amelung, E. in Klingmüller, W., Genforschung im Widerstreit, 1986, S.22.
[20] Vgl. o.V., Stammzellenforschung, o.J. (Internet).

Rechtlich gesehen ist die Stellung des Embryos innerhalb des Embryonenschutzgesetzes des BGBl klar geregelt. In diesem heißt es, dass ein Embryo über die gleichen Grundrechte verfügt wie ein ausgewachsener Mensch.[21]

Der ethische Konflikt hierbei geht über die einfachen Strukturen des generellen Konflikts zwischen der Kirche und der Wissenschaft hinaus. So sehen auch Theologen in Bezug auf das Gebot der Nächstenliebe eine regelrechte Pflicht, alle Möglichkeiten wahrzunehmen, die dazu dienen, Menschen in Notsituationen zu helfen. Wie bereits beschrieben ist die Genforschung auch mit der embryonalen Stammzellenforschung dazu durchaus in der Lage. Das Problem das sich hierbei ergibt ist jedoch, dass nicht jedes Mittel, welches zu diesem Ziel führt, gebilligt werden kann.[22]

6 Fazit

Diese Arbeit sollte aufzeigen, welche erfolgsversprechenden Möglichkeiten innerhalb der wissenschaftlichen genetischen Forschung liegen, aber auch die ethische Problematik darstellen, die mit diesem Wissenschaftszweig verbunden ist.

Zusammenfassend lässt sich feststellen, dass beispielsweise mit der erfolgreichen einhundertprozentigen Entschlüsselung der menschlichen DNA eine gewaltige wissenschaftliche Leistung verbunden ist. Auch die Motive innerhalb der Genforschung sind äußerst lobenswert. So sollen unheilbare Krankheiten geheilt, die Lebensqualität gesteigert oder auch allgemein durch wissenschaftliche Erkenntnisse der Genetik das Leben verlängert werden. Die aus diesen positiven Motiven erzielten Effekte sind ebenfalls bemerkenswert. Durch eine sich entwickelnde und gut funktionierende Biotechnologie ist es möglich, zum einen innerhalb des eigenen Landes die Konjunktur zu stärken, aber auch im internationalen Wettbewerb eine sehr gute Stellung einzunehmen. Diese von den

---

[21] Vgl. EschG in der Fassung der Bekanntmachung vom 13.12.1990 - BGBl. I S. 2747.
[22] Vgl. o.V., Stammzellenforschung, o.J. (Internet).

Unternehmen neu erforschten und entwickelten Wirkstoffe steigern die Qualität der Gesundheitsversorgung enorm und bieten gleichzeitig ein großes Potential an Kosteneinsparungsmöglichkeiten, was im Hinblick auf die derzeitige Finanzsituation, auch im Vergleich mit den bereits genannten Effekten, nicht unerheblich ist.

Das Problem welches sich jedoch hierbei ergibt, ist, zu entscheiden, an welcher Stelle aus ethischen Gesichtspunkten eine Grenze gezogen werden muss. Das heißt, es muss festgelegt werden bis zu welchem Punkt es ethisch vertretbar ist, mit Hilfe der Genforschung anderen Menschen das Leben zu retten. Lassen sich Maßnahmen, wie zum Beispiel Stammzellenforschung, also das Benutzen und anschließende „Entsorgen" von Embryonen, im Hinblick auf die Rettung von Leben rechtfertigen?

Außerdem stellt sich hier die Frage, wie beide Positionen gegeneinander abzuwiegen sind. Wie viel ist es wert, das ein Leben eines Menschen durch eine Organtransplantation retten zu können, wenn diese jedoch erst deshalb möglich war, weil das Organ aus Stammzellen „gezüchtet" wurde? Und welchen Wert besitzt auf der Gegenseite das verhinderte Leben des Embryos?

Dieses Abwägen spiegelt meiner Meinung nach den Kernkonflikt wieder. Es wird somit deutlich, dass innerhalb der Gentechnik viele ethische Konflikte bestehen und deren Lösungen noch nicht abzusehen sind.

Abschließend lässt sich jedoch feststellen, dass auch im Rahmen der ethisch vertretbaren Maßnahmen und Verfahren die Genforschung einen großen Beitrag, vor allem in medizinischen Gesichtspunkten, zu leisten bereit ist.

Literaturverzeichnis

- Amelung, E. in Klingmüller, Walter, Genforschung im Widerstreit, 2. Aufl. Stuttgart, 1986, S.11-26

- Binder, N. in Klingmüller, Walter, Genforschung im Widerstreit, 2. Aufl., Stuttgart, 1986, S.125-144

- Embryonenschutzgesetz in der Fassung der Bekanntmachung vom 13.12.1990 - BGBl. I S. 2747

- Kroll, W., in Von der Weiden, S., Die persönliche Pille, http://www.zeit.de/2001/28/200128_z-medikamente_ne.xml, 2001

- o.V., Biotechnologie, o.J. http://www.uni-hohenheim.de/biotech/ger/def_biotech.htm

- o.V., Biotechnologie Firmenumfrage 2006, 2006, http://www.biotechnologie.de/bio/generator/Navigation/Deutsch/d aten-und-fakten,did=42654,fragmentnr=2.html

- o.V., Biotechnologie - Innovationsmotor in der Phytomedizin, o.J., www.phytomedizin.org/129.html

- o.V., Die Mendelschen Gesetze, o.J., http://www.mendel-regeln.de/html/page01.html

- o.V., Genetik- der Schlüssel zum Meilenstein?, 2001, http://www.123recht.net/printarticle.asp?a=720

- o.V., Genetik, o.J., http://www.medizinerboard.de/lexikon/Genetik,erklaerung.htm

- o.V., Stammzellenforschung, o.J. (Internet). http://www.merian.fr.bw.schule.de/mueller/Schueler/stammzellen forschung.htm#_Toc3148129

- o.V., Zahlen auf einen Blick: Biotechnologie in Deutschland, 2006, http://www.biotechnologie.de/bio/generator/Navigation/Deutsch/d aten-und-fakten,did=18076,fragmentnr=6.html

- Statistisches Bundesamt, Gesundheitsausgaben nach Leistungsarten, 2005, http://www.destatis.de/basis/d/gesu/gesutab5.php

- Von der Weiden, S., Die persönliche Pille, 2001, http://www.zeit.de/2001/28/200128_z-medikamente_ne.xml?page=3